A Chloé et Mathieu,
bienvenue à Lilo,
avec toute notre
affection.

Chantal Guy

... et beaucoup de
bonheurs à partager
tous les trois...

Murmures à un bébé qui vient de naître

18, rue Barbès, 92128 Montrouge cedex
ISBN : 978-2-227-50127-0

À Juliette, Émilie et Marie

« À quelque chose, bonheur aussi est bon. »
Pierre Reverdy

Anne-Laure Fournier le Ray

Murmures à un bébé qui vient de naître

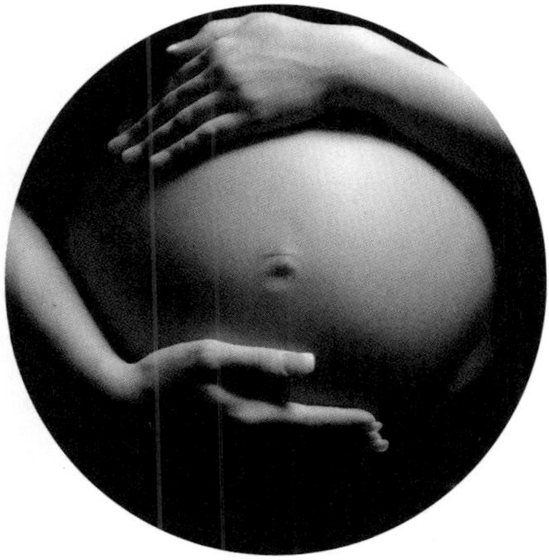

bayard

deux

« Ceux qui se joignent au cours des nuits,
qui s'enlacent dans une volupté berceuse,
accomplissent une œuvre grave. […]
Tous, ils appellent l'avenir. »

Rainer Maria Rilke

de

Nous étions deux.
Nous nous aimions.
Bien ou mal.
Un bref instant
ou le temps d'une vie.
Peut-être avons-nous décidé
de faire un enfant.
Nous étions naïfs,
nous nous croyions puissants.
Mais toi, bien au-delà
de nos désirs
et de nos soupirs,
tu allais venir à ton heure,
en ton temps.

invisible

« Tous les enfants, vous le savez,
sont des comètes venues nous rendre
hommage au nom d'un autre azur,
d'une autre vérité, d'une autre fable. »

Alain Bosquet

invi

Et un jour,
avant même que nous le sachions,
tu étais là, minuscule graine
enfouie dans le secret.
Plus petite qu'une poussière d'étoile,
plus fragile
qu'un flocon de neige,
mais si volontaire,
bien décidée à venir voir
de quoi il en retourne,
de ce côté de la vie.

sible

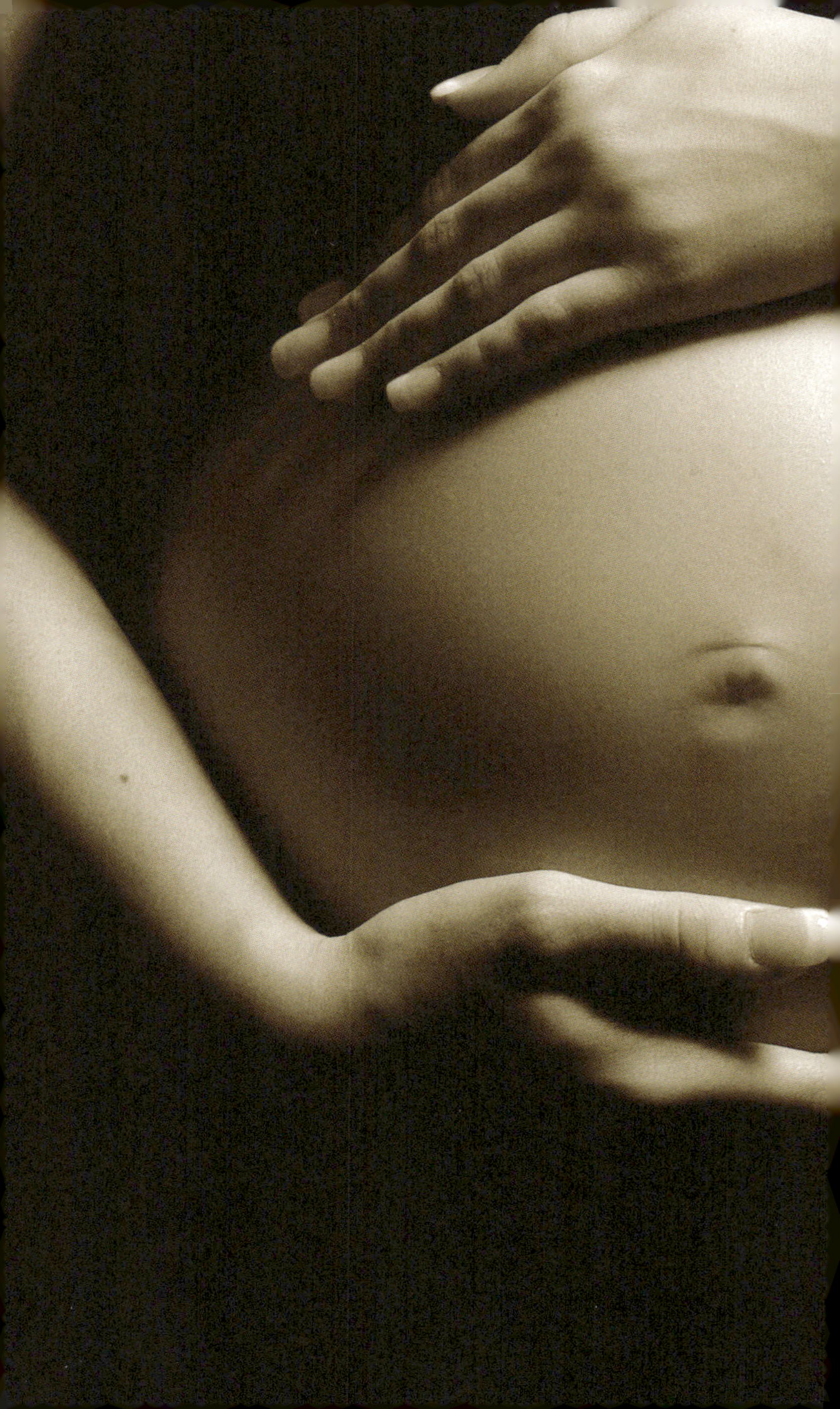

l'attente

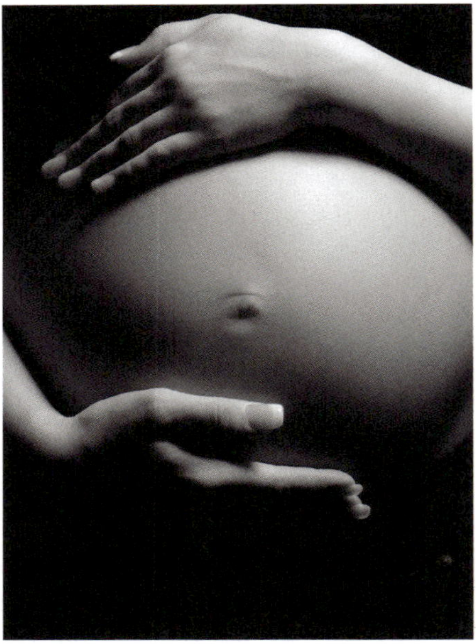

« Moi, j'ai toujours l'amour cousu
dans mes entrailles. »

Robert Garnier

l'att

Comme nous t'avons guetté
petit furet !

Moi, qui t'ai porté dans mon ventre,
j'ai senti ta première roulade,
bouleversante.
Et je n'ai plus cessé
de t'écouter danser.

Et moi, qui t'ai porté dans mes yeux,
j'ai vu les courbes tendres
que tu as dessinées sur le corps
de ta mère.
Et je n'ai plus cessé de chercher
à te deviner.

ente

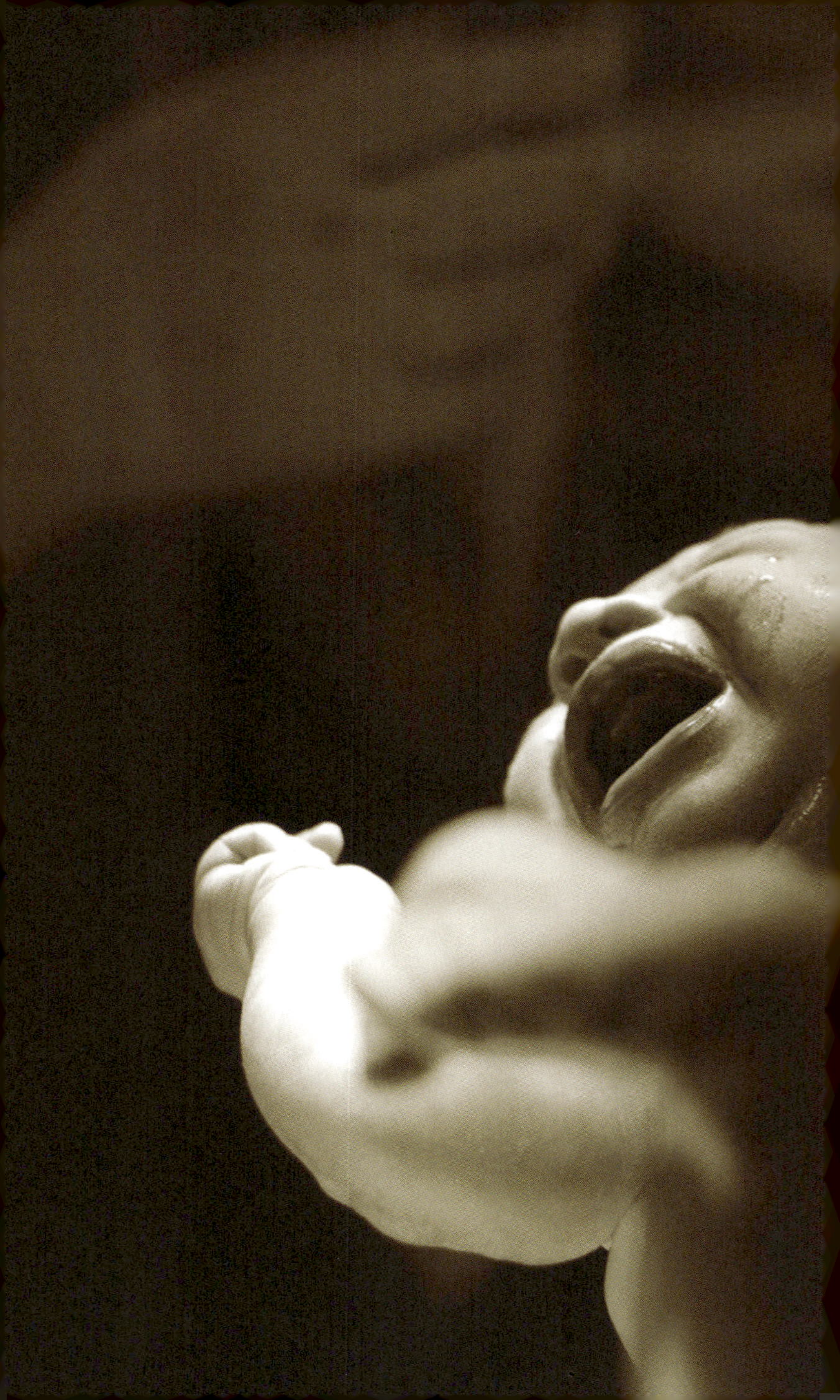

jaillissement

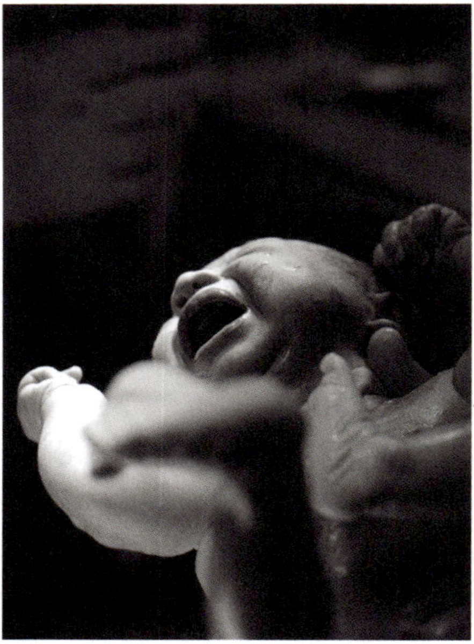

« Toi, tu m'as fait surgir du ventre de ma mère et tu m'as mis en sécurité sur sa poitrine. »

Psaume 22,10

jailliss

Soudain, ce fut la rencontre.
Rien de ce que nous avions construit
dans nos rêves
n'a égalé cet instant unique
où le bonheur a épousé la douleur,
où ta peau a touché la nôtre.
En une seconde,
tu as tout fait basculer.

ement

cri et murmure

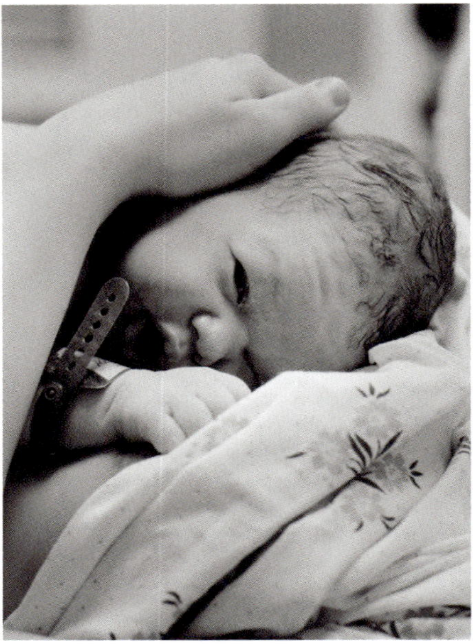

« Le langage est une peau : je frotte mon langage contre l'autre. »

Roland Barthes

cri et n

Une fois encore,
tu nous as devancés.
Par ton cri, tu as ouvert le premier
la conversation qui tisserait nos liens,
heure par heure, année après année.

Nous t'avons répondu,
t'appelant par ton nom.
Nous t'avons parlé,
dans un murmure ébloui
que toi seul as compris.

Et quand nous avons
commencé à pleurer,
toi, tu t'es arrêté.

urmure

rencontre

« Même la nuit je te revois dans ton jour ma luciole
Et rien ne peut rivaliser avec toi, rien n'est si tendre
Aucune chose Enfant aucun parfum n'y peut prétendre. »

Louis Aragon

renc

Il y a une seconde,
je ne te voyais que dans mes rêves.
Maintenant que tu es là,
petit être offert au creux de mon bras.
Vais-je te connaître ?

De mon regard affamé,
je dessine la ligne de tes paupières,
je me roule dans la rondeur
de tes joues,
je me noie dans les plis de ton cou.

À présent, je sais.
Je n'aurai jamais assez d'une vie
pour m'emplir les yeux de toi.

ntre

ta confiance

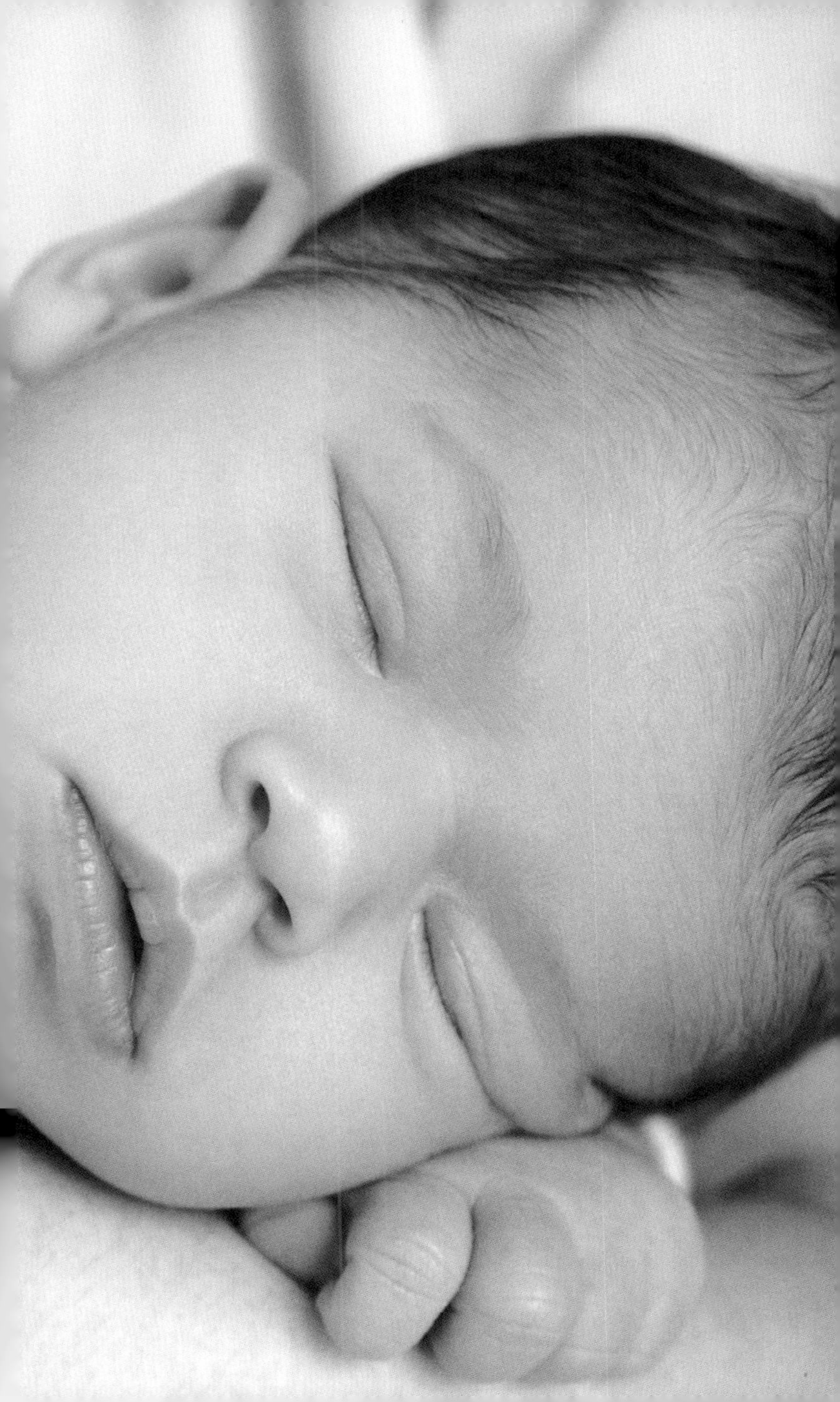

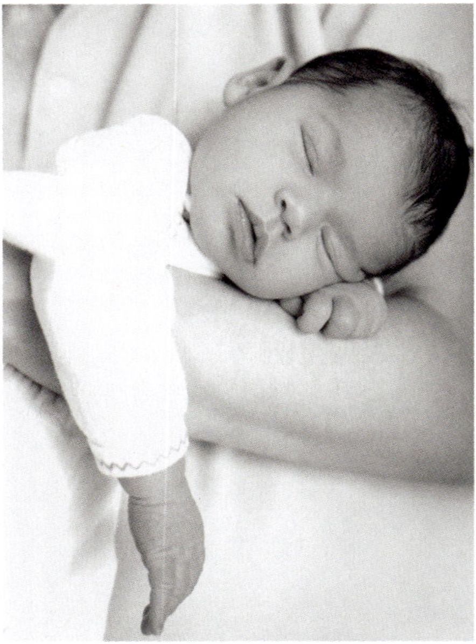

« Tu me berces dans tous mes abandons
Et je ne cesse plus de t'apprendre
Pour ne plus t'oublier. »

Jacques Salomé

ta con

Tu reposes dans nos bras,
sans retenue,
la tête lourde.
Plus jamais dans ta vie
tu ne connaîtras
cet abandon.

La confiance absolue
que tu donnes à celui
qui te porte
rend ton petit corps
léger et lourd à la fois.

fiance

notre peur

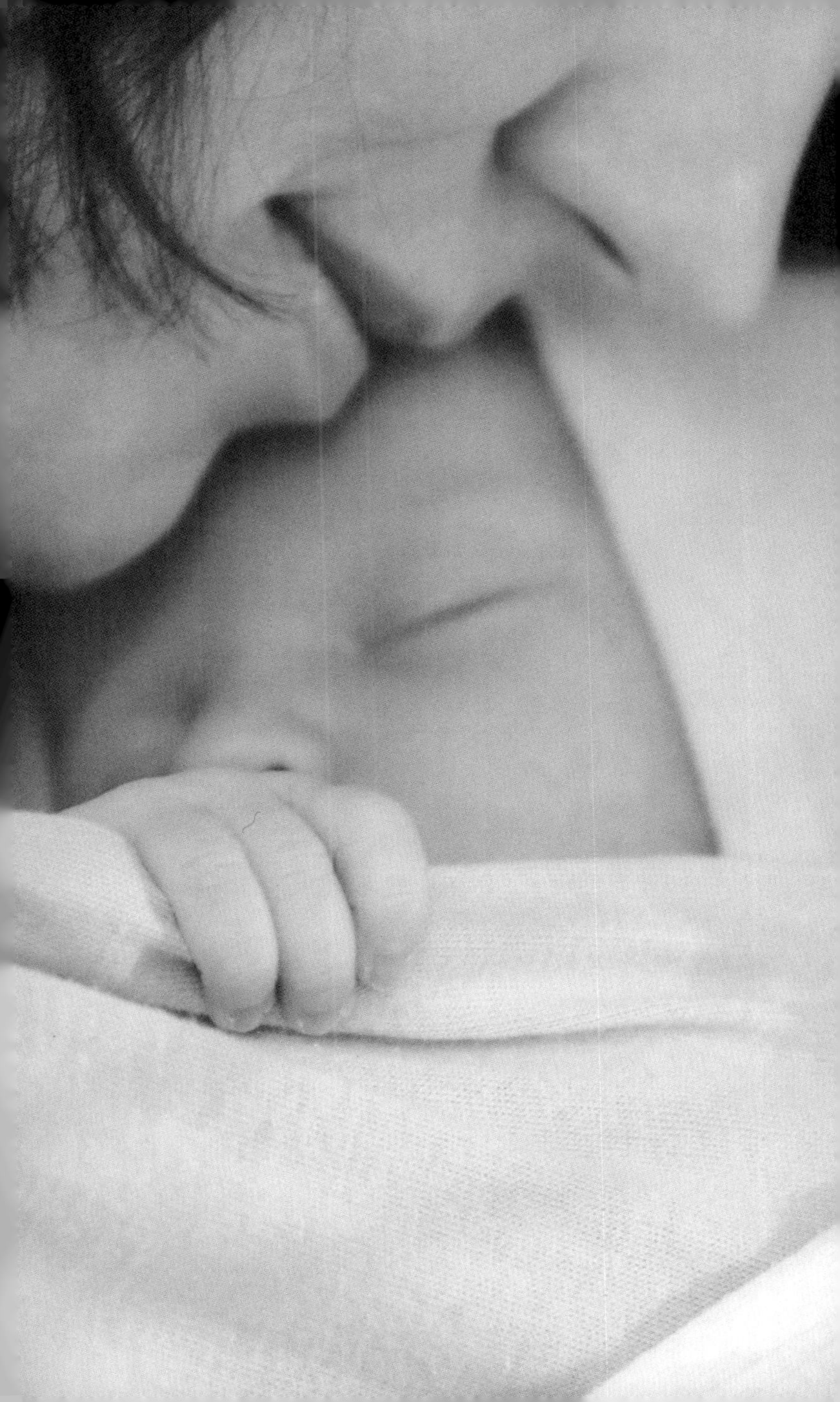

« Naître, c'est quitter son abri,
c'est essuyer le vent de face
et porter le soleil sur son dos. »
Jean Debruynne

notre

Déjà, l'inquiétude
qui noue le ventre.
Comment pourras-tu survivre
dans ce monde démesuré ?
Tout en toi est si minuscule,
si désarmé...

Tout, sauf cette force énorme
qui te rend vivant,
une puissance fabuleuse
masquée par ton souffle fragile.

Saurons-nous un jour
te faire confiance
et ne plus douter de toi ?

peur

ton regard

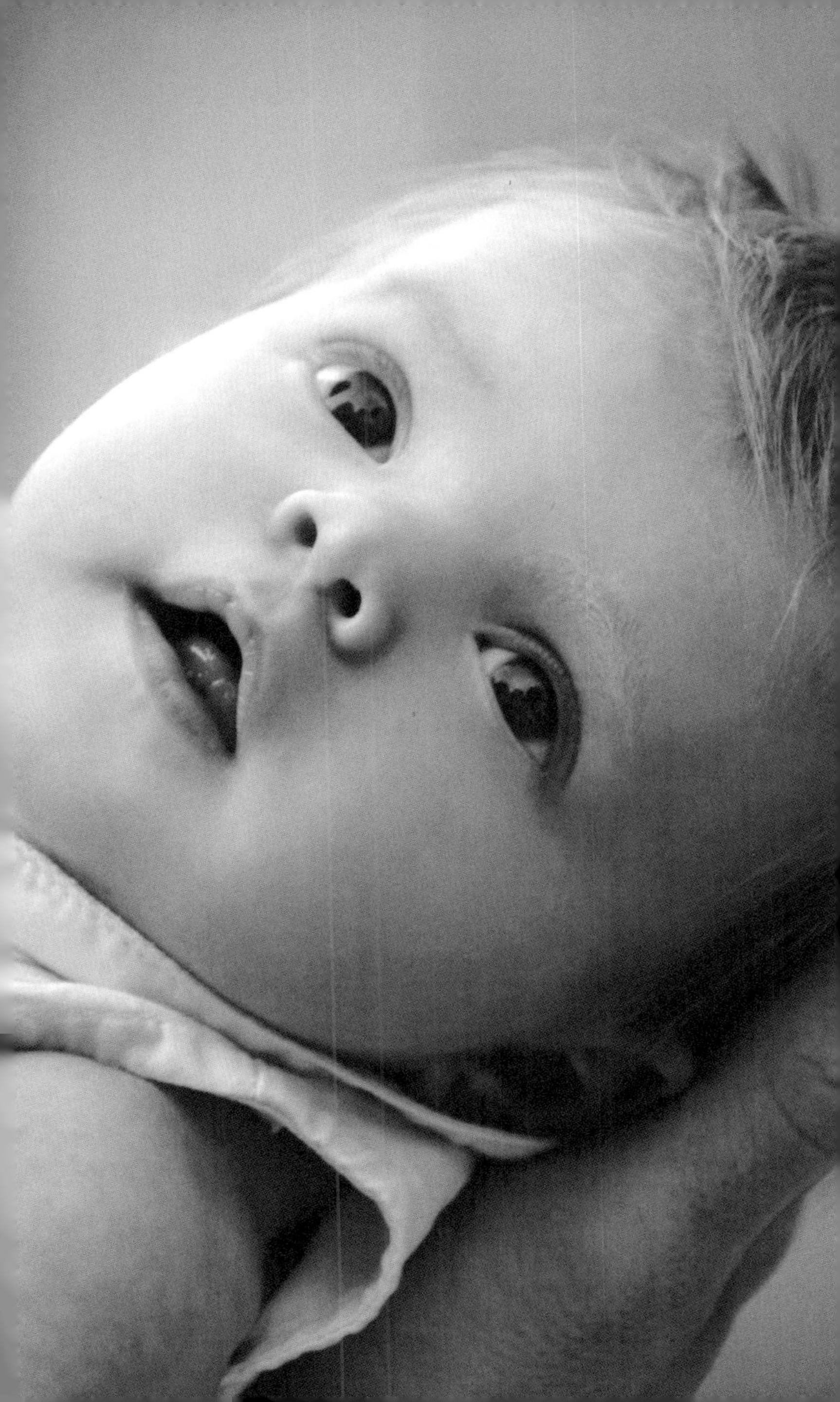

« La courbe de tes yeux fait le tour de mon cœur,
Un rond de danse et de douceur,
Auréole du temps, berceau nocturne et sûr »

Paul Eluard

ton re

Tes yeux s'ouvrent.
Tu poses autour de toi un regard
à l'intensité dérangeante.
Un regard sans âge, un regard de sage
qui interroge et qui sait à la fois.

Et moi, comme un plongeur
en eau profonde,
je viens m'y noyer.
Car dans ce mystère liquide
j'ai trouvé tout ce que
je pouvais chercher.

tes mains

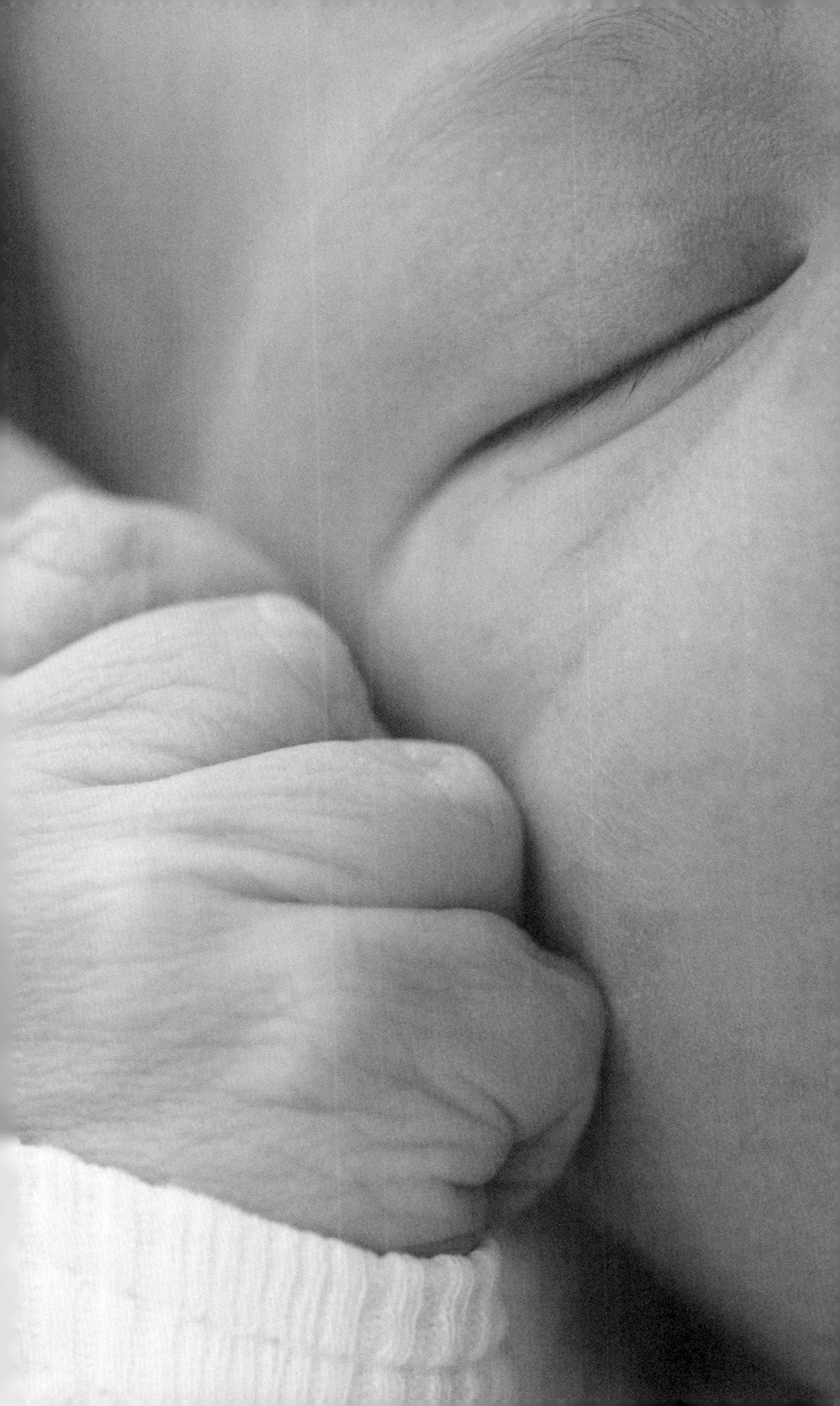

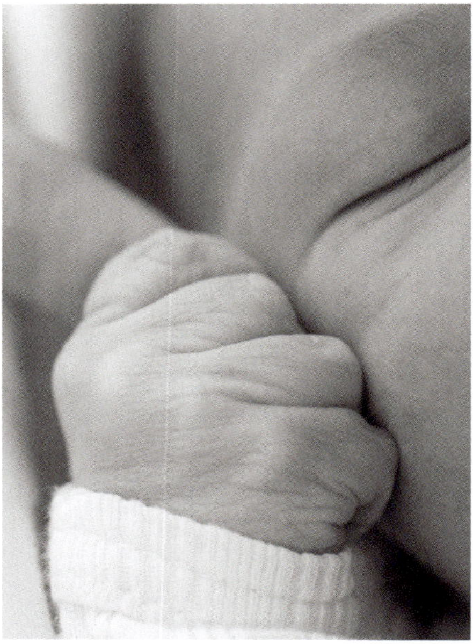

« Il est tout en rondeur, cet enfant,
sauf ces mains étranges, subtiles et ridées,
qu'orne la nacre minuscule des ongles. »

France Quéré

tes n

Petit poing farouchement serré.
D'une caresse, je tente de
l'apprivoiser.

Tes doigts s'ouvrent et se déploient
comme les plumes légères d'un paon,
dévoilant lentement leur beauté,
presque à regret.

Je niche un doigt
au creux de ta paume,
et ton poing se referme sur lui
avec une vigueur étonnante.
Et moi, géant vaincu,
je ne bouge plus.

corps à corps

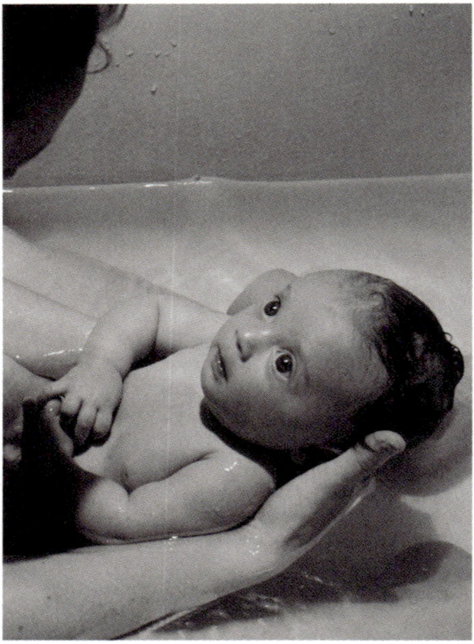

« Il est des parfums frais
comme des chairs d'enfants,
doux comme les hautbois,
verts comme les prairies. »

Charles Baudelaire

corps

Toi la chair de notre chair,
signe vivant de notre intimité,
nous osons à peine te toucher.
Dans ton extrême nudité,
tu inspires le respect.

Mais, devant nous,
voici venir des jours
de soins et de caresses,
et puis des nuits pour t'envelopper
de tendresse.

Peau contre peau,
nous allons nous connaître.

corp

tu dors

« Petite fleur des rizières
Petite fleur de la rosée
Sur ta face plongée dans le grand sommeil
Toute la pureté de ton âme d'enfant. »

Mame Seck Mbacke

tu

Quand, penchés au-dessus de toi,
nous te regardons dormir,
nous retenons notre souffle
pour entendre le tien.

Tes paupières protègent ton secret,
comme deux paravents japonais.
Ta bouche entrouverte
est émouvante d'abandon.

Et tous ces petits tressaillements
brusques et fugaces
qui trahissent la vie bouillonnante,
là, sous ton front lisse.

lors

premier sourire

« La meilleure odeur est celle du pain,
le meilleur goût, celui du sel,
le meilleur amour, celui des enfants. »
Graham Greene

premier

Nous serons les seuls à le voir.
D'autres penseront
qu'il ne s'est rien passé.
Mais ton sourire
n'en sera pas moins vrai, éblouissant,
faisant exploser en nous
un bonheur fou.

Car l'éclat bref de ton sourire
nous aura ouvert un monde.
Un monde à réinventer pour toi,
un monde à tapisser de joie.

sourire

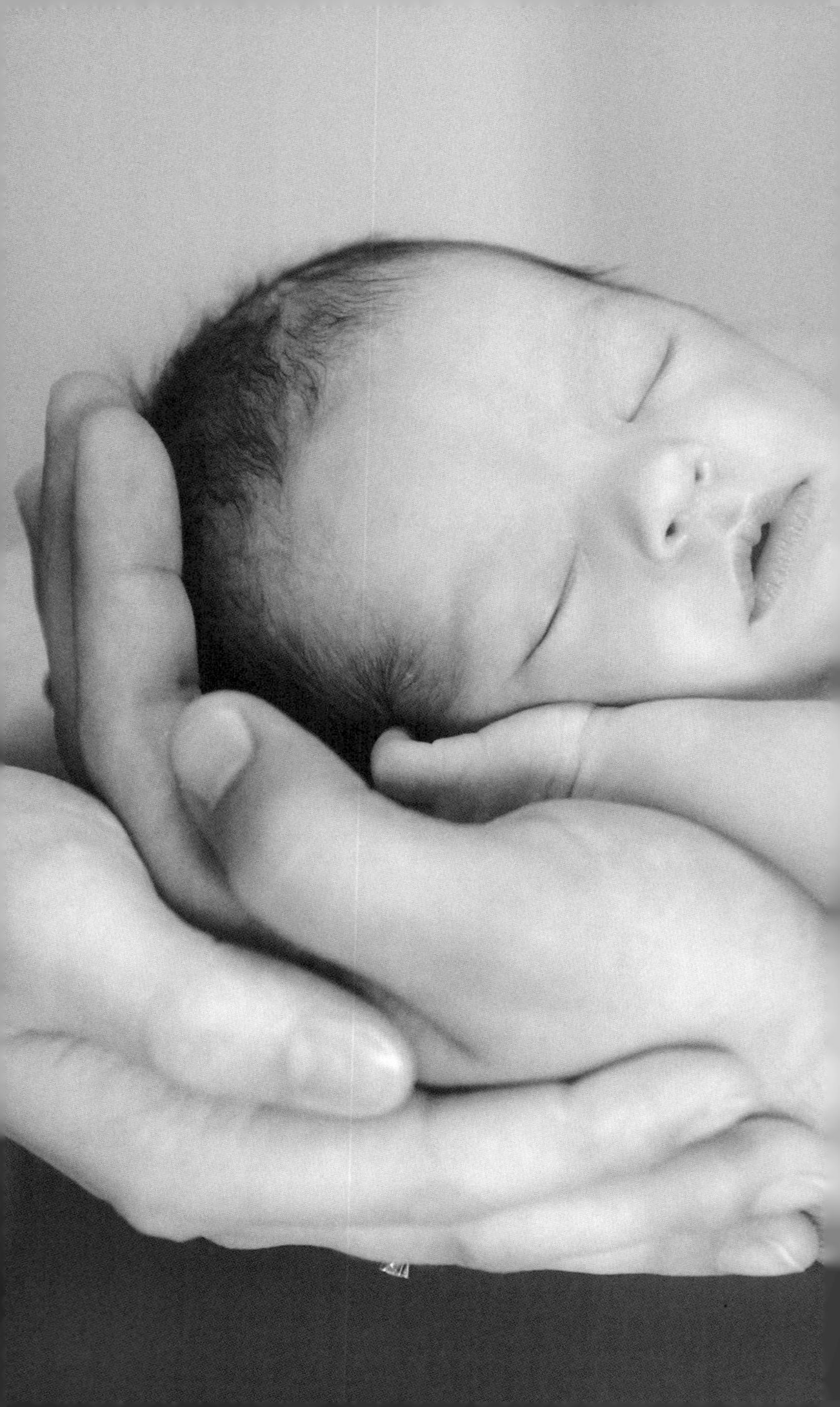

parents

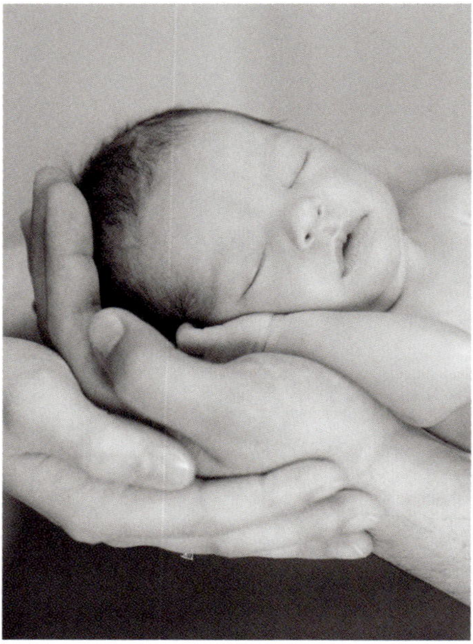

« Oh l'amour d'une mère ! amour que nul n'oublie !
Pain merveilleux qu'un dieu partage et multiplie ! »
Victor Hugo

par

Nous étions des amants,
tu fais de nous des parents.
Sans même le vouloir,
nous allons nous creuser
et ce vide en nous ne sera qu'amour pour toi.

Pour toi nos regards attentifs
et nos soins inquiets.
Pour toi les mots patience,
force et consolation.

Nous inventerons des tendresses nouvelles,
nous réveillerons d'anciennes chansons,
nous rallumerons les rires et les jeux.

Pour toi,
le meilleur de nous deux.

ents

Un + un
= trois

« Vos enfants ne sont pas vos enfants [...]
Ils viennent par vous mais non de vous.
Et bien qu'ils soient avec vous, ce n'est pas à vous qu'ils appartiennent. »

Khalil Gibran

un + un

Tes yeux auront peut-être
la couleur des miens.
Ton sourire
ressemblera peut-être au sien.
Mais tu seras unique,
et jamais tu ne seras
ni moi, ni lui, ni nous.

Nous te dirons
ce que nous savons,
nous t'enseignerons
ce que nous croyons.
Mais toi, tu traceras ton chemin,
qui ne sera ni le mien, ni le sien,
mais le tien,
ton chemin de liberté.

trois

envole-toi

« Qui serre toujours serre mal. »

Alain

envo

Un jour, nous ouvrirons nos bras,
et tu partiras.

Nous qui t'avons aidé à naître,
maintenant, il nous faut t'aider à vivre.
T'apprendre à vivre avec nous,
puis loin de nous,
puis sans nous.
Nous devrons renoncer à toi
un millier de fois.
Nous te verrons grandir et changer.

Un jour, nous ouvrirons nos bras,
et tu partiras.

accomplissement

« Tu seras un homme, mon fils. »
Rudyard Kipling

accomp

Nous avions rêvé d'un enfant,
et tu es venu.

Ta présence si forte a chassé le flou
pour laisser place à la netteté de ton
visage, à la lumière de ton regard,
à l'éclat de ton rire
et au déchirement de tes pleurs.

Ta réalité nous a étonnés, bousculés,
émerveillés, meurtris.
C'était toi, notre enfant !

Non pas l'enfant rêvé,
mais un enfant à aimer,
à comprendre, à connaître.

Bien mieux que le rêve,
un homme, une femme qui s'éveille.

ssement

Crédits photos

© Istock pour toutes les photos,

sauf Jaillissement : ©fotolia.

Sources des textes

Pierre Reverdy, *En vrac,* Flammarion, 1989.

Rainer Maria Rilke, *Lettres à un jeune poète,* Éditions Bernard Grasset.

Alain Bosquet, extrait de *Sonnets pour une fin de siècle,* Éditions Gallimard.

Robert Garnier, *Antigone, ou la piété,* Éditions Honoré Champion, 1997.

Psaume 22,10

Roland Barthes, *Fragments d'un discours amoureux,* Éditions du Seuil, 1977.

Louis Aragon, *L'œuvre poétique* (7 volumes), Éditions Livre Club Diderot, 1990.

Jacques Salomé, *En amour l'avenir vient de loin*, Éditions Albin Michel

Jean Debruynne, *Naître,* Éditions Desclée, 1977.

Paul Eluard, *Capitale de la douleur,* Éditions Gallimard, 1968.

France Quéré, *La femme avenir,* Éditions du Seuil, 1976.

Charles Baudelaire, *Les fleurs du mal*, Correspondances.

Mame Seck Mbacke, *Poésie du Sénégal*, Éditions Silex, 1988.

Graham Greene, *La puissance et la gloire,* Éditions Robert Laffont.

Victor Hugo, « *Ce siècle avait deux ans* », Les feuilles d'automne, 1831.

Khalil Gibran, *Le prophète*, Éditions Livres de poche, 1993.

Alain, *Minerve, ou de la sagesse,* Institut Alain.

Rudyard Kipling, « *Tu seras un homme mon fils* », Jules Castier, 1949.

Achevé d'imprimer en Slovénie en mars 2023
Dépôt légal : avril 2017

FSC
www.fsc.org
MIXTE
Papier | Pour une gestion forestière responsable
FSC® C118234